맛있는 성경공부 성품 시리즈 ②

태도성품

경청 · 성실 · 정직

이대희 지음

아가페

맛있는 성경공부 「성품」 시리즈를 펴내면서

이곳 저곳에서 학교교육의 문제점이 많이 나타나고 있습니다. 괴롭힘, 집단 따돌림, 폭력, 우울증, 자살 등 상처는 생각보다 심각합니다. 이것은 그동안 우리 사회가 인성보다는 재능과 기능 위주로 교육해 온 결과입니다. 20년 가까이 학교에서 배우는 것이라고는 공부 기술을 익혀 입시에 성공하는 것입니다. 대학입시 과목에 해당하지 않는 것은 사실상 교육에서도 제외됩니다. 그 결과 우리의 학교교육은 점점 붕괴되어 가고 있습니다. 이제야 인성교육의 중요성을 알고 시도해 보지만 만만치 않습니다. 인성교육이 안 되면 다른 교육이 잘된다 해도 의미가 없습니다. 마치 기초 없는 집을 짓는 것과 같습니다.

문제는 인성교육의 중요성을 알고 있지만, 어떻게 실천해야 할지 막막하다는 것입니다. 우선 사람을 가르치고 성품을 훈련하는 교과서가 마땅치 않습니다. 물론 교사도 거의 없는 실정입니다. 교과목의 교사만 있지 가장 중요한 인성교사는 없습니다. 가정에서 부모가 인성교육을 해야 하는데, 바쁜 맞벌이 부부는 자녀의 얼굴 보는 것조차 어렵습니다.

인성교육을 위해서는 성품교육이 우선입니다. 성품은 행동으로 말하는 것으로, 전인적인 인간의 모습입니다. 부모의 성품은 자녀의 성품으로 이어집니다. 그래서 성품교육은 부모와 자녀 모두에게 중요합니다. 온 가족과 전 세대가 함께해야 하는 교육입니다. 성품교육을 위한 최고의 교과서는 성경입니다.

맛있는 성경공부 「성품」 시리즈는 사람에게 필요한 성품 12가지를 정해, 메달 한 가지 주제를 집중적으로 3회에 걸쳐 공부하면서 성품을 훈련해 나가는 방법으로 기획되었습니다. 말씀 속에서 함께 생각하고 질문하고 이야기를 나누고 토론하면서 우리 속에 하나님의 성품이 새겨지는 시간이 되면 좋겠습니다.

이 시리즈는 가정과 교회에서 다양하게 사용할 수 있습니다. 특히 주 5일 근무제에 맞추어 실시하는 교회의 토요학교에서 집중적으로 토론하면서 공부하면 매우 유익할 것입니다. 성품은 단시간에 만들어지는 것이 아닙니다. 평생에 걸쳐 지속적으로 그리고 반복적인 습관을 통해 성품으로 자리 잡는 것입니다.

아무쪼록 이 교재가 여러분의 가정과 교회에 좋은 성품이 세워지는 데 조금이나마 도움이 되길 소원합니다. 성품은 평생을 이기는 힘입니다. 하나님의 형상을 닮은 인간이 죄로 인해 파괴된 하나님의 성품을 회복하는 기회가 되면 좋겠습니다. 이제는 한국 교회와 그리스도인이 인격과 성품으로 세상에 복음을 전하는 역사가 일어나기를 기도합니다.

이대희

「성품」 시리즈 특징과 사용법

□ 교재의 특징 □

1. '맛있는 성경공부법'을 적용한 성경공부다(자세한 내용은 『맛있는 성경공부』 참조).
2. 인성의 기초가 되는 12가지 핵심 성품을 통해 인성을 키우는 전인적인 성경공부다.
3. 한 가지 성품 주제를 3회에 걸쳐 집중적으로 공부하면서 성품을 습관화한다.
4. 중등부 이상이면 전천후(제자훈련, 소그룹, 가정양육, 구역모임)로 사용할 수 있다.
5. 사고력과 창의력을 키워준다.
6. 질문과 토론으로 사고를 깊게 하여 삶을 변화시킨다.
7. 개인이 충분히 공부한 후 소그룹으로 함께하면 더 효과적이다.
8. 교회와 가정과 직장에서 '성품학교'를 위한 교재로 사용할 수 있다.
9. 성경 본문과 주제를 함께 경험하는 성경공부다.
10. 귀납적, 이야기식, 대화식 방법을 통합한 히브리인들의 성경공부다.
11. 주말에 교회학교와 가정에서 자녀교육용으로 사용할 수 있다.

□ 목표 □

12개의 성품 주제를 매달 한 가지씩 1년에 걸쳐 공부하면서 성품을 훈련하고 습관화한다. 이 성경공부의 목표는 예수님의 성품을 닮아가는 데 있다.

□ 과정 구성 □

권	영역	주제 (각 주제를 3과로 구성)
1	기초성품	신뢰, 긍정, 책임
2	태도성품	경청, 성실, 정직
3	관계성품	배려, 친절, 순종
4	생활성품	감사, 절제, 인내

□ 양육과정 □

이 시리즈는 12가지 성품 주제를 각각 3과에 걸쳐 집중적으로 공부하면서 1년 동안 성품을 형성해가도록 구성했다. 12가지 핵심 주제를 기초, 태도, 관계, 생활의 단계로 영역을 넓혀나가면서 전인적인 성품이 되도록 했다. 이외에 필요한 성품 주제들(겸손, 용서, 기쁨, 충성, 섬김…)은 여기서 가지를 치면서 차후에 공부하기로 한다.

□ 교재구성 □

한 개의 성품 주제를 3과에 걸쳐 공부하면서 성품에 대해 깨달아, 성품의 삶을 실천하는 데 중점을 두고 과정을 구성했다. 한 개의 주제를 1과로 마치면 깊이 있는 공부가 되지 않아 지식으로만 머물 가능성이 크다. 따라서 한 가지 성품을 3회에 걸쳐서 집중적으로 공부하면서 경험화, 습관화, 생활화하도록 했다. 마지막 단계 'Tip 성품연습'과 '성품 사람 만들기'를 통해 성품이 몸과 생활에 적용되도록 실천훈련 가이드도 제시했다.

□ 성경공부 단계 □

1단계 생활 나눔: 성품을 이미 경험된 생활과 연결한다.

2단계 말씀의 살핌: 관련된 성경 본문을 관찰하면서 성품의 내용을 이해한다.

3단계 말씀의 깨달음: 성품에 관한 말씀의 의미를 해석하면서 깨달음의 과정에 이른다.

4단계 말씀의 적용: 깨달은 말씀을 적용하고 실천하여 자기 성품으로 만든다.

5단계 실천 메시지: 핵심적인 내용을 성품 예화와 함께 정리한다.

6단계 Tip 성품 연습하기, 성품 사람 만들기, 참고성경: 지속적인 성품 연습을 통해 성품의 사람을 만들고, 성품을 확장 발전시키는 후속단계다.

□ 성경공부 6단계 과정표 □

'맛있는 성경공부' 시리즈는 6단계 과정으로 구성되었다. 이것은 히브리인들이 성경을 연구하는 과정을 응용한 것으로 이 과정은 나눔, 이야기, 질문, 대화, 토론, 발표, 실천을 통합한다. 이것은 성경공부를 통해 영적 능력뿐 아니라 관찰력, 분석력, 사고력, 집중력, 대화력, 학습력, 창의력도 함께 배양하는 효과가 있다. 또 1차원(정보), 2차원(지식), 3차원(창의성), 4차원(지혜)의 능력을 키워 세상을 이기는 그리스도인을 만든다.

▫ 성품교육을 위한 원리 ▫

1. 성품(性品)은 성품(聖品)이다.

성품교육은 인간의 타락한 성품이 아닌 하나님의 거룩한 성품을 닮는 것이다.

2. 성품은 사람들이 볼 수 있게 밖으로 드러나는 것이다.

성품은 보이지 않는 믿음이 삶에서 행위로 자연스럽게 드러나는 것이다.

3. 모델을 통해 성품을 배운다.

성품은 지식으로 받아들이기보다는 인격과 삶의 모델을 통한 교육이 좋다.

4. 성품교육의 목적은 그리스도의 성품을 닮는 것이다.

그리스도인의 성품 모델은 예수 그리스도다.

5. 성품은 그리스도의 힘으로 완성된다.

성품의 완성은 그리스도의 힘으로만 가능하다.

6. 순종하는 성품은 열매를 맺는다.

순종 여부에 따라 성령의 열매가 맺힌다.

7. 성품은 태도와 행위로 드러난다.

성품은 하나님께 의존하지만 인간의 책임 있는 행동도 동시에 필요하다.

8. 성품은 관계 속에서 만들어진다.

성품은 하나님, 자신, 인간, 공동체 관계에서 형성되고, 관계에 영향을 미친다.

9. 성품은 점진적으로 성장한다.

성품은 한 번에 형성되지 않고 점진적으로 성장한다.

10. 성품은 균형 잡힌 성장이다.

어느 하나가 아닌 다양한 성품 주제를 균형 있게 발전시켜 나가야 한다.

11. 성품은 평생 여정이다.

성품은 주님 앞에 서는 날까지 계속되는 평생과정이다.

12. 성품은 옷을 입고 벗는 것과 같다.

옛 성품은 벗어버리고 새 성품을 입어야 한다.

13. 성품은 값을 지불해야 한다.

성품은 거저 얻는 것이 아니다. 희생과 포기와 연단을 통과해야 한다.

14. 성품은 내면의 변화가 우선이다.

내면에서 역사하시는 하나님의 일에 집중할 때 변화가 일어난다.

15. 성품은 습관이 되도록 계속 연습해야 한다.

성품의 주제와 정의를 말로 표현하고, 깊이 묵상한 후, 자기의 옷이 되게 한다.

16. 성품은 인생의 마지막 모습이다.

주님 앞에 설 때는 주님을 닮은 성품으로 마무리된다.

「성품」 시리즈 1-4권

- 1권 -

기초성품

01_ 신뢰

1. 하나님에 대한 신뢰
2. 자신에 대한 신뢰
3. 이웃에 대한 신뢰

02_ 긍정

1. 긍정으로 비전을 이루라
2. 자신감을 갖게 하는 긍정
3. 고난을 이기게 하는 긍정

03_ 책임

1. 말에 대한 책임
2. 일에 대한 책임
3. 세상에 대한 책임

- 2권 -

태도성품

01_ 경청

1. 최고의 경청
2. 마음으로 들어라
3. 성공의 비결

02_ 성실

1. 성실은 모든 것의 기본이다
2. 하나님의 성실을 배워라
3. 맡은 일에 성실하라

03_ 정직

1. 정직합니까
2. 믿음이 정직이다
3. 정직하지 못한 사람들

— 3권 —

관계성품

01_ 배려

1. 타인의 입장에서 베푸는 배려
2. 사람을 귀하게 여기는 배려
3. 이웃을 내 몸처럼 사랑하는 배려

02_ 친절

1. 친절한 사람을 찾다
2. 친절은 상대방을 소중히 여기는 것이다
3. 모든 사람에게 친절하라

03_ 순종

1. 순종은 축복의 비결이다
2. 순종이 제사보다 낫다
3. 질서에 순종하라

— 4권 —

생활성품

01_ 감사

1. 감사하는 사람이 되라
2. 감사는 기적을 낳는다
3. 감사는 표현하는 것이다

02_ 절제

1. 마음을 다스리는 절제
2. 말을 다스리는 절제
3. 힘을 다스리는 절제

03_ 인내

1. 인내하는 자가 성공한다
2. 끝까지 인내하라
3. 기도로 인내를 이루라

태도성품

CONTENTS

경청

성실

정직

1부 경청

| 마음과 온몸으로 자세히 듣고 주의 깊게 응시하는 것 |

Delicious Bible study_01

최고의 경청

| 신명기 6장 1–9절 |

생활 나눔

1. 경청의 정의를 말해 보세요.

2. 듣는 것은 참 중요합니다. 무엇을 듣느냐가 삶을 좌우하는데, 우리가 일상에서 가장 많이 듣는 것이 무엇인지 말해 보세요.

3. 상처 주는 말이나 욕설을 들으면 마음이 어떻습니까?

말씀의 살핌

■ 신명기 6장 1-9을 읽고 질문에 답해 보세요.

1 하나님은 이스라엘 백성에게 앞으로 들어갈 가나안 땅에서 행할 것을 주셨는데, 그것은 무엇입니까? (1)

2 왜 하나님은 이스라엘 백성에게 명령을 주셨습니까? (2)

3 이스라엘 백성이 그 명령을 듣고 지켜 행하면 어떤 복을 받습니까? (3)

4 이스라엘 백성이 들어야 할 말씀의 내용은 무엇입니까? (4–5)

5 이스라엘 백성은 이 말씀을 가정에서 어떻게 적용해야 합니까? (6–7)

6 이 말씀을 생활 속에서 적용하는 방법을 말해 보세요. (8–9)

말씀의 깨달음

1 우리는 하나님 말씀을 듣고 지켜 행해야 합니다. 그것이 복을 받는 길입니다. 왜 말씀을 듣고 행할 때 하나님이 복 주시는지 말해 보세요. (잠 1:5, 8; 22:17 참고)

2 이스라엘 백성이 들어야(경청) 할 말씀은, 하나님이 유일하신 하나님이라는 것과 그분을 전인격적으로 사랑하라는 것입니다. 왜 이 말씀이 그렇게 중요한지 말해 보세요.

3 하나님의 말씀을 잘 듣는다는 것은 어떻게 듣는 것을 말합니까? (시 66:18; 85:8; 행 16:14 참고)

말씀의 적용

1 모든 것은 듣는 것에서 시작됩니다. 우리가 들은 하나님의 말씀을 생활에 실천하기 위해서 어떻게 해야 합니까?

2 우리는 하나님의 말씀을 듣는 것보다 세상의 이야기를 듣는 데 익숙해 있습니다. 세상 이야기를 듣는 것과 하나님의 말씀을 듣는 것의 차이는 무엇입니까?

3 하나님의 말씀을 듣고 실천하는 자기만의 하루 계획을 말해 보세요.

실천 메시지

하나님 앞에서 잠잠하라

우리는 지위가 높은 사람이나 존경하는 사람을 만나면 말하기보다는 주로 듣습니다. 어떤 경우에는 말 한 마디 못하고 듣고만 옵니다. 배울 만한 사람 앞에서는 듣기가 최고입니다.

학생은 교사에게 많은 것을 들으면서 배웁니다. 배우는 데는 듣는 것 만한 것이 없습니다. 특히 하나님과의 만남에서는 침묵하는 법을 먼저 배워야 합니다. 하나님 앞에서조차 말하기 바쁘다면 참 어리석은 일입니다. 하나님 앞에서는 가능한 한 입은 다물고 귀를 여는 것이 지혜로운 태도입니다. "잠잠하고 신뢰하여야 힘을 얻을 것이거늘"(사 30:15). 완전한 분 앞에 서면 우리는 아주 작아집니다. 하나님 앞에서 침묵하며 잠잠히 참아 기다리는 것이 우리가 취해야 할 자세입니다.

그런데 하나님 앞에서 자기의 말을 많이 하는 사람들이 있습니다. 그런 사람은 하나님의 음성을 들을 수 없습니다. 하나님의 음성을 듣는 데 실패하면 어리석게 행동합니다.

오늘도 잠잠히 하나님 앞에서 무엇을 말씀하시는지 들어보도록 합

시다. 하나님의 말씀을 들을 수 있는 사람은 다른 사람의 말도 경청하게 됩니다. 먼저 잘 들어야 무엇을 말할지 알게 됩니다. 우리는 하나님의 음성을 경청하는 법을 배워야 합니다. 그런 사람에게 하나님은 지혜를 주십니다.

Tip 경청 성품 연습하기

경청하는 좋은 태도

1. 말하는 사람 방향으로 몸을 향하고 똑바로 쳐다보자.
2. 바른 자세로 앉거나 서서 상대방을 응시하자.
3. 집중하여 듣자.
4. 듣는 중에 통화하거나 다른 일을 하지 말자.
5. 시계를 보거나 주변을 돌아보며 산만해지지 말자.

Delicious Bible study_02

마음으로 들어라

| 마태복음 13장 10-23절 |

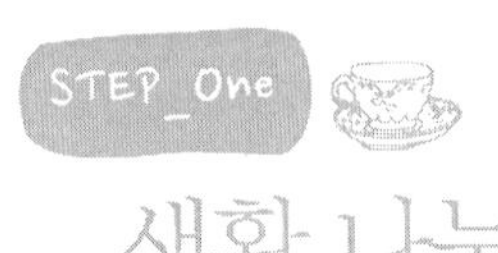

생활 나눔

1 경청하는 것이 왜 어렵다고 생각합니까?

2 고집스럽게 남의 말을 안 듣는 사람을 보면 어떤 생각이 듭니까? 당신에게 이런 부분은 없는지 이야기해 보세요.

말씀의 살핌

■ 마태복음 13장 10-23절을 읽고 질문에 답해 보세요.

1 예수님이 비유를 통해 말씀하시고자 하는 것은 무엇입니까? (10-12)

2 예수님이 사람들에게 비유로 말씀하시는 이유는 무엇입니까? (13)

3 이미 이사야 선지자를 통해 이 부분이 언급되었는데, 그 내용은 무엇입니까? (14-15)

4 제자들의 눈과 귀가 복이 있는 이유는 무엇입니까? (16–17)

5 예수님이 제자들에게 들려주신 천국 비유 이야기를 말해 보세요. (18–23)

• 길가에 뿌려진 씨

• 돌밭에 뿌려진 씨

• 가시떨기에 뿌려진 씨

• 좋은 땅에 뿌려진 씨

말씀의 깨달음

1 왜 많은 사람들이 진리를 들어도 깨닫지 못하는 것일까요? 그러면 진리의 말씀은 어떤 사람들에게 들립니까? (마 7:24 참고)

2 경청은 마음으로 듣는 것입니다. 마음 상태에 따라 경청은 달라집니다. 귀가 있다고 모두 듣는 것이 아닙니다. 들을 귀가 되기 위해서는 어떻게 해야 합니까? (잠 4:20 참고)

3 잘 듣는 자에게 백 배, 육십 배, 삼십 배의 결실이 있다는 것은 무엇을 의미합니까? 잘 경청하면(듣고 깨달으면) 삶에 어떤 축복이 있습니까? (눅 6:45 참고)

말씀의 적용

1 당신은 사람의 말이나 하나님의 말씀을 얼마나 잘 듣습니까? 그 의미까지 알아듣기 위해 무엇을 해야 합니까?

2 잘 경청하지 못하면 어떤 문제가 생깁니까? 그동안 삶에서 경험한 것을 예로 들어 말해 보세요.

3 당신은 길가, 돌밭, 가시떨기, 좋은 땅 중 어디에 속합니까?

실천 메시지

듣기 위해 만나라

동시에 같은 교육을 받은 보험설계사들의 실적이 천차만별인 이유를 알아내기 위해 미국 학자들이 연구했습니다. 먼저 실적이 우수한 상위 10퍼센트 보험설계사들과 하위 10퍼센트의 보험설계사들이 보험을 판매할 때 얼마나 말을 많이 하는지 조사했습니다.

그 결과 상위 10퍼센트는 12분을 말하고 하위 10퍼센트는 30분을 말한다는 결과가 나왔습니다. 왜 12분을 말한 보험설계자들의 실적이 더 좋았을까요? 말을 적게 했다는 것은 말을 많이 들었다는 뜻입니다. 고객의 말을 많이 들으면 그 만큼 고객의 상황과 궁금증을 자세히 파악할 수 있습니다. 이를 바탕으로 상응 조치를 취하여 문제를 쉽게 해결해 준 것이 실적이 좋은 이유였습니다.

사람을 만나면 자기 이야기만 하는 것을 조심해야 합니다. 혹시 당신은 상대방의 말에 경청하기보다 먼저 말하려고 하지는 않습니까? 이것을 실천하면 그동안 잃었던 많은 것을 되찾을 수 있습니다.

지금부터라도 말하기 위해서가 아니라 듣기 위해서 사람을 만나보세요. 그런 성품을 소유한다면 모든 사람이 당신을 좋아하게 될 것입니다. 지혜로운 사람은 말하기보다 듣기를 좋아한다는 사실 꼭 기억하세요!

Tip 경청 성품 연습하기

잘 경청하는 법

1. 눈을 응시하고 얼굴을 쳐다보면서 바른 자세로 듣자.
2. 하던 일을 멈추고 상대방이 말하는 것에 집중하자.
3. 말의 의미를 생각하며 듣자.
4. 말하는 사람을 존중하자.
5. 말하는 사람의 의도를 파악하며 듣자.
6. 고개를 끄떡이면서 반응을 보이자.
7. 상대방의 말을 이해하고 요약하며 듣자.
8. 궁금한 것은 질문하자.
9. 위의 사항이 몸에 습득될 때까지 계속 연습하자.

Delicious Bible study_03

성공의 비결

| 사무엘하 12장 1-15절 |

생활 나눔

1 우리는 사람들의 말을 들을 때 주의 깊게 듣지 않습니다. 언제 이런 현상이 나타납니까?

2 당신은 아래 제시된 듣기 유형 중 어떤 유형입니까? 왜 그 유형에 해당된다고 생각합니까?

- 외적인 유형(말의 내용만 듣는 사람)

- 내적인 유형(말 이상의 마음과 의도까지 생각하고 듣는 사람)

- 감정적인 유형(감정적인 것을 중시하면서 듣는 사람)

- 고정관념 유형(미리 편견을 갖고 듣는 사람)

말씀의 살핌

■ 사무엘하 12장 1-15절을 읽고 질문에 답해 보세요.

1. 하나님은 간음과 살인을 저지른 다윗에게 누구를 보냅니까? (1)

2. 나단 선지자가 다윗 왕에게 가서 전한 이야기를 정리해 보세요. (2-4)

3. 나단의 이야기를 들은 다윗은 뭐라고 말했습니까? (5-6)

4 나단은 말의 의미를 알아듣지 못하는 다윗에게 뭐라고 말했습니까? (7–12)

5 다윗은 나단에게 뭐라고 말했습니까? (13)

6 나단이 다윗에게 두 가지를 말해 주는데, 그것은 무엇입니까? (13–15)

말씀의 깨달음

1 왕으로서 하나님과 사람에게 큰 죄를 범한 다윗은 나단의 비유 이야기를 들으면서 자기 이야기인 줄 알아듣지 못하고 심판자의 입장에서 "그 사람은 마땅히 죽을 자라"고 말합니다. 왜 다윗은 자기 이야기를 알아채지 못했을까요?

2 나단은 그 이야기가 곧 다윗의 이야기라고 말하면서 다윗의 죄를 무섭게 책망합니다. 이것은 왕으로서 매우 부끄러운 일이나, 다윗은 나단의 말을 잘 청종하고 즉시 회개합니다. 이것을 통해 발견되는 다윗의 위대한 점을 말해 보세요.

3 다윗은 잠시 죄를 지음으로 경청의 귀가 막혔지만 즉시 회개하여 하나님께 용서를 받습니다. 죄를 회개하면 들을 수 있는 귀가 열립니다. 영성이 새로워진 다윗의 기도 내용을 보면서 그리스도인이 경청을 잘하는 비결을 정리해 보세요. (시 51 참고)

말씀의 적용

1 사람이 겸손할 때는 다른 사람의 말을 잘 듣습니다. 그러나 죄를 짓고 교만해지면 주변 사람의 말이 잘 안 들리고 고집만 생깁니다. 열 번에 걸쳐 모세의 말을 듣지 않은 바로가 대표적인 예입니다. 왜 사람은 교만해지면 다른 사람의 말을 듣지 않을까요?

2 잘 듣고 경청하면 성공적인 삶을 살게 됩니다. 그러나 경청이 부족하면 패망합니다. 경청을 잘하기 위한 당신의 지침에 대해 말해 보세요.

3 사람이 아무리 말을 잘해도 듣는 사람이 잘못 들으면 문제가 커집니다. 듣는다고 다 듣는 것이 아닙니다. 잘 듣기 위한 자기만의 방법을 찾아보고 이야기해 보세요.

실천 메시지

경청하는 자가 성공한다

미국 포춘 100대 기업에서 다섯 차례나 판매왕에 올랐던 닉 퍼튼에게 그 비결을 물었습니다. 그는 대답했습니다.

"나와 다른 세일즈맨들의 차이를 물으면 답은 딱 하나입니다. 나는 고객이 말할 때 절대로 물건이나 실적에 대해 생각하지 않습니다. 그 순간 나는 아무 생각 없이 고객의 말만 경청합니다. 보통 세일즈맨이라면 열에 아홉은 물건과 실적에 대해 생각하지요. 그러면서 스스로 고객의 말을 잘 듣고 있다고 착각합니다. 고객의 말은 문제지와 같습니다. 당신은 시험장에서 문제지를 볼 때 다른 생각을 합니까? 문제지를 제대로 보지 않으면 시험을 잘 치를 수 없습니다. 고객의 말을 잘 듣지 않고는 그들을 설득할 수 없습니다."

인간관계에서 대부분의 실수는 다른 사람의 말을 잘 듣지 못해 생기는 것입니다.

상대방의 말의 의도를 파악하지 못하고 오해하면 관계가 악화됩니다. 상대방의 말을 잘 들으면 그것 하나만으로도 상대방이 원하는 것을 알 수 있고, 그러면 우리가 무엇을 해야 하는지도 정확하게 파악

할 수 있습니다. 모든 것을 듣기에서부터 출발하십시오. 그것이 성공의 비결입니다.

Tip 경청 성품 연습하기

1. 경청하면 집중력이 생긴다.
2. 경청하면 많은 것을 얻고 배운다.
3. 경청하면 사람을 귀하게 여기는 습관이 생긴다.
4. 경청하면 사람들의 사랑을 받는다.
5. 경청하면 사람의 말을 빨리 알아듣게 된다.

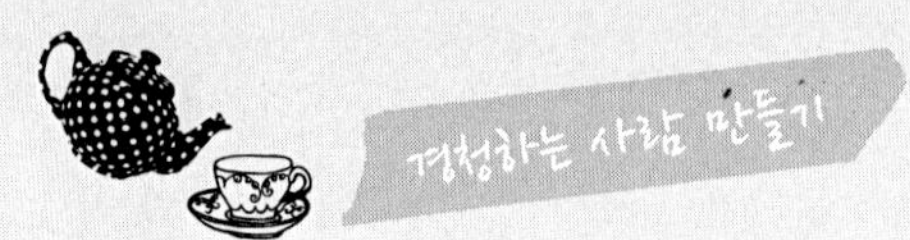

가정과 생활에서 성품을 습관화하기

1. 상대방의 말에 관심과 흥미를 갖는다.
2. 상대방의 말을 끝까지 듣는다.
3. 가족사에 관심을 갖고 가족을 격려한다.
4. 시간을 따로 정해 대화한다.
5. 관심사에 대해 질문하며 반응을 보인다.
6. 듣기를 통해 관계가 깊어지게 한다.

실천사항

• 잘 경청하는 사람이 되기 위한 6가지 질문법

잘 경청하려면 질문을 잘 던져야 한다. 질문은 경청을 잘하는 기술이다. 이것은 질문을 통해 상대방의 생각과 말을 듣는 효과가 있다.

1. 상대방과 연결되게 질문하라.

상대방의 편안한 점을 접촉점으로 삼고 질문하라. 상대방을 잘 관찰하면 누구든지 질문할 거리가 보인다.

2. 폭넓게 말할 수 있는 정답이 없는 질문을 하라.

단답형으로 대답할 수 있는 뻔한 질문은 대화를 진전시키지 못한다. 정답이 없는 질문을 던지면서, 다양한 가능성을 열어두고 질문하라.

3. 꼬리를 무는 추가 질문을 하라.

한 번의 질문으로 답을 얻으려 하지 말고 상대방에 맞추어 계속 질문하면서 이야기를 들어라. 그러면서 상대방이 답할 수 있는 질문으로 점차 나아가라.

4. 대화의 흐름을 따라 질문하라.

대화하다 보면 종종 엉뚱한 방향으로 흐르는데, 그때마다 대화의 중심을 잡아주는 질문을 하라. 대화의 흐름을 유지하는 것은 중요하다.

5. 의미를 명확하게 하기 위해 정리하는 질문을 하라.

자신의 생각이나 느낌을 정리하는 데 도움이 되는 질문을 하면 좋다. '이런 뜻인가요?' 하는 식으로 더 깊고 명확한 답이 나오도록 질문한다.

6. 새로운 동기를 부여하는 질문을 하라.

상대방이 관심 갖고 있는 내용을 들을 수 있는 질문이다. 이것은 대화 중에 전혀 다른 방향으로 새롭게 생각하는 기회가 된다. 또 궁금증을 유발시킴으로 창의적인 생각이 나올 수도 있다.

• 4단계 듣기 과정

1단계 인지하기 경청은 듣는 방식이 매우 중요하다. 이것을 위해서는 먼저 잘 인지하는 것이 필요하다. 잘 인지하지 못하면 듣기에 실패한다. 듣는다고 다 듣는 것이 아니다.

2단계 해석하기 상대방의 말을 잘 인지해도 말의 의미를 잘못 해석하면 문제가 생긴다. 경청이 잘되지 않는 이유는 해석력이 약하기 때문이다. 해석상의 오류는 실수를 불러온다.

3단계 평가하기 상대방의 말은 끝까지 듣고 평가해야 한다. 중간에 일어나거나 결론을 맺어서는 안 된다. 인내를 가지고 마지막까지 기다려 평가해야 한다.

4단계 반응하기 듣기를 완성하는 단계다. 말을 들었다고 듣는 것이 완성되는 것은 아니다. 말하기와 듣기는 상호적이다. 자기가 잘 들었는지 반응을 보일 때 듣기가 완성된다.

참고성경

• 귀 있는 자는 들을지어다 _마 11:15
• 너희는 들을지어다, 귀를 기울일지어다, 교만하지 말지어다, 여호와께서 말씀하셨음이라 _렘 13:15
• 내 사랑하는 형제들아 너희가 알지니 사람마다 듣기는 속히 하고 말하기는 더디 하며 성내기도 더디 하라 _약 1:19
• 귀를 막고 가난한 자가 부르짖는 소리를 듣지 아니하면 자기가 부르짖을 때에도 들을 자가 없으리라 _잠 21:13
• 훈계에 착심하며 지식의 말씀에 귀를 기울이라 _잠 23:12
• 네 귀를 지혜에 기울이며 네 마음을 명철에 두며 _잠 2:2
• 너희는 귀를 기울여 내 목소리를 들으라 자세히 내 말을 들으라 _사 28:23

2부 성실

사람이 볼 때나 안 볼 때나 동일하게 진실한 태도를 취하는 것

Delicious Bible study_01

성실은 모든 것의 기본이다

| 히브리서 3장 1-14절 |

생활 나눔

1 성실을 어떻게 정의할지 각자 말해 보세요.

2 사람은 많지만 성실한 사람은 찾기가 어렵습니다. 왜 그럴까요?

3 사람이 성실하기 어려운 가장 큰 이유는 무엇이라고 생각합니까?

말씀의 살핌

■ 히브리서 3장 1-14절을 읽고 질문에 답해 보세요.

1 그리스도인은 누구를 생각하면서 살아야 합니까? (1)

2 예수님은 하나님 아버지께 어떤 자세를 취했습니까? (2-4)

3 모세와 그리스도의 같은 점은 무엇입니까? (5-6)

4 우리가 지져야 할 성품은 무엇입니까? (6)

5 이스라엘 백성이 40년 동안 행한 행동과 하나님의 모습을 말해 보세요. (7–11)

6 우리가 믿음생활에서 가장 조심해야 할 것은 무엇입니까? (12–13)

7 우리가 하나님께 복 받는 비결은 무엇입니까? (14)

말씀의 깨달음

1 성실은 모든 일의 기본입니다. 하나님은 성실한 사람을 찾으십니다. 왜 성실한 사람을 찾으실까요? (시 89:1-2; 애 3:22-23; 벧후 1:4-5; 시 37:3-4; 고전 4:1-2 참고)

2 하나님이 우리에게 성실하시듯 그리스도도 우리에게 성실하셨습니다. 어떤 점에서 그렇습니까? (롬 5:6 참고)

3 사람들은 어떤 일을 할 때 끝까지 가지 못하고 중간에 그만두거나 마음을 바꾸는 경우가 많습니다. 이렇게 성실하지 못한 이유는 무엇일까요? (골 3:22-24 참고)

말씀의 적용

1 하나님은 어제나 오늘이나 영원토록 동일하십니다. 이런 하나님의 성실하신 성품을 닮기 위해서 우리가 해야 할 일은 무엇입니까?

2 성실한 성품을 갖기 위해 당신이 해결해야 할 과제와 기도 제목은 무엇입니까?

3 살아오면서 3년, 5년, 10년 이상 지속적으로 해본 것이 있으면 말해 보세요. 그렇게 한 이유는 무엇입니까?

실천 메시지

기본을 갖추어라

대학에 들어가고 싶은 열여섯 살 흑인 소년이 있었습니다. 웨스트버지니아에 있는 햄프턴대학에 도착한 소년은 백인 학장에게 찾아가 대학에서 공부할 수 있게 해달라고 간청했습니다. 그러나 학장은 보잘것없는 흑인 소년에게 무턱대고 입학을 허락할 수 없었습니다. 학장은 소년에게 강당 청소를 시켰습니다. 소년은 '하나님, 제 꿈을 이루어주십시오.' 하고 기도하면서 그 넓은 강당을 열심히 청소했습니다. 저녁에 학장이 와서 보니 청소 상태가 매우 완벽했습니다. 소년은 기도하면서 두 번씩이나 강당을 구석구석 청소했던 것입니다. 그 일로 입학 허가를 받은 소년은 후일 그 대학의 학장이 되었고, 흑인 대학을 두 개나 세웠습니다. 그가 바로 노예의 아들로 태어나 미국을 빛낸 위인으로 평가받는 부커 워싱턴입니다.

위대한 일은 지극히 사소한 일들로 이루어져 있습니다. 하루하루 똑같은 일들이 쌓여서 된 것이니까요. 위대한 일은 자기에게 주어진 일을 성실히 행할 때 이루어집니다. 위대한 꿈을 꾸고 있다면 오늘의 한 걸음이 매우 중요합니다. 오늘 하루를 성실히 살았다면 일생을 성실히 산 것입니다. 서두르지 않고 꾸준히 맡은 일을 성실히 행하는 모습은 아름답습니다. 성실이 기초가 되지 않으면 아무것도 이룰 수 없습니다. 오늘도 하나님이 찾으시는 사람은 하루에 충실한 사람입니다.

> "환경미화원으로 부름받은 사람이라면, 미켈란젤로가 그림을 그리고, 베토벤이 교향곡을 작곡하며, 세익스피어가 시를 쓰듯이 거리를 청소해야 한다. 그가 타고난 능력을 다하여 거리를 깨끗하게 청소할 때 천국과 지상의 주인들은 자기에게 맡겨진 일에 성심을 다한 환경미화원이 여기 살았다고 칭송할 것이다."
>
> – 마틴 루터 킹

Tip 성실 성품 연습하기

1. 작은 일에 충성하고, 눈에 띄지 않는 부분까지 최선을 다하자.
2. 보이지 않는 곳에서도 충성하자.
3. 끈기 있게 인내하자.
4. 성실한 사람을 가까이 하자. (성실은 성실한 사람에게서 배운다.)

Delicious Bible study_02

하나님의 성실을 배워라

| 역대하 6장 1-17절 |

생활 나눔

1 주변에 성실한 사람이 있습니까? 그 사람에게는 어떤 특징이 있습니까?

2 약속을 잘 지키는 것은 성실함을 판단하는 데 중요한 부분입니다. 왜 그렇다고 생각합니까?

말씀의 살핌

■ 역대하 6장 1-17절을 읽고 질문에 답해 보세요.

1 솔로몬은 성전을 건축하고 나서 하나님께 감사하며 하나님을 송축합니다. 그 내용을 말해 보세요.

• 솔로몬이 하나님을 송축한 가장 큰 이유는 무엇입니까? (1–4)

• 하나님은 많은 사람들 중에서 누구를 택하여 이스라엘을 다스리게 하셨습니까? (5–6)

• 다윗은 하나님께 어떤 마음을 가졌습니까? (7)

• 하나님은 다윗의 마음을 받아들이셨습니다. 그런데 성전 건축은 누구에게 맡기셨습니까? (8–9)

• 솔로몬은 성전을 무엇에 따라 건축했습니까? (10–11)

2 솔로몬은 하나님께 감사기도를 드렸습니다. 그 내용을 말해 보세요.

• 하나님은 어떤 분이십니까? (12–15)

• 솔로몬은 무엇에 근거하여 자신에게 허락한 말씀을 이루어 달라고 말합니까? (16–17)

말씀의 깨달음

1 하나님의 성실하심은 변함이 없습니다. 솔로몬은 찬양과 기도로 하나님의 성실하심을 드러내고 있습니다. 하나님의 성실하심을 믿는 사람에게는 어떤 유익이 있습니까?

2 사람은 성실하지 않습니다. 그러나 하나님은 한 번 약속하신 것은 성실하게 지키십니다. 우리가 배울 수 있는 하나님의 성실하심은 어떤 것인지 말해 보세요. (시 37:4–5; 민 23:19; 히 6:17–18 참고)

3 보통 사람은 성실하기 어렵습니다. 왜 그럴까요? 성실하기 위해 우리에게 필요한 원칙에는 어떤 것이 있습니까?

말씀의 적용

1 하나님을 믿으면서 하나님의 성실하심에 대해 배운 것이 있다면 어떤 것입니까?

2 현재 하나님 앞에 성실하지 못한 것을 말해 보세요. 하나님 앞에서 성실함을 갖기 위해 더욱더 노력해야 할 것은 무엇입니까?

3 성실한 사람이 되기 위해 가장 먼저 실천해야 할 것은 무엇입니까?

실천 메시지

가장 기본적인 성품

직장에서 신입사원을 뽑을 때 구직자의 흥미나 적성보다 인간적인 기본 자질, 즉 '기본 특질'(trait)을 중점적으로 본다는 조사결과가 나왔습니다. 이것은 심리학자들이 제시한 다음의 '여섯 가지 특질론'을 적용하고 있습니다.

첫째, 정신적으로 안정되어 있는가?
둘째, 새로운 것을 쉽게 배우고 변화를 수용할 수 있는가?
셋째, 일에 대한 창의성이 있는가?
넷째, 매사에 성실한가?
다섯째, 사람에게 좋은 인상을 줄 수 있는가?
여섯째, 성격이 외향적인가 내향적인가?

이 여섯 가지 특질 중 면접관들이 성공의 변수로 가장 가치 있게 생각하는 요인이 바로 '성실성'(conscientious)입니다. 고객에게 좋은 인상을 주고, 사람들과 잘 사귀며, 밝고 명랑한 긍정적인 성격도 중요하지만, 이보다 더 중요한 것은 바로 성실성입니다. 이것은 하나님이 우리를 보실 때도 마찬가지입니다.

성실은 하나님의 성품입니다. 하나님은 우리에게 얼마나 성실하신지 모릅니다. 우리를 향한 사랑과 계획에는 변함이 없으십니다. 어제나 오늘이나 영원토록 하나님의 성품은 한결같습니다. 지금도 하나님은 하나님의 성품을 닮은 사람을 찾으십니다. 하나님의 자녀라면 모두 하나님의 성실하심을 배워야 합니다.

Tip 성실 성품 연습하기

1. 장기적인 안목으로 삶을 투자하자.
2. 한 곳에 성실하게 10년을 투자하자.
3. 최종 승리는 성실한 사람의 편임을 기억하자.
4. 일뿐 아니라 사람에게도 성실하자.
5. 평생 공부하는 자세를 갖자.
6. 자신의 일을 즐기자.
7. 최선을 다해 성실함으로 일한다면 무엇이든 그 일은 위대하다고 생각하자.

Delicious Bible study_03

맡은 일에 성실하라

| 마태복음 25장 14-30절 |

생활 나눔

1 사람이 가진 지능, 교육, 환경과 상관없이 인간 누구나 사용할 수 있는 좋은 성품은 무엇입니까?

2 '성실'이라는 말을 들었을 때 무엇이 생각납니까? 떠오르는 생각을 나누어 보세요.

말씀의 살핌

■ 마태복음 25장 14-30절을 읽고 질문에 답해 보세요.

1 주인은 어떤 원칙에 따라 세 명의 종들에게 달란트(한 달란트는 노동자 20년 월급에 해당함)를 나누어주었습니까? (14-15)

2 다섯 달란트를 남긴 종과 두 달란트를 남긴 종은 모두 열심히 노력하여 갑절로 이윤을 남겼습니다. 그러나 한 달란트 받은 종은 땅에 주인의 돈을 감추었습니다. 왜 그랬다고 생각합니까? (16-25)

3 다섯 달란트와 두 달란트를 남긴 종들에게 주인이 공통적으로 칭찬한 내용은 무엇입니까? (21, 23)

4 주인은 한 달란트 받은 종을 뭐라고 하며 책망했습니까? (26–30)

5 한 달란트 받은 종의 가장 큰 문제점은 무엇입니까? (25–27)

6 주인이 종들에게 돈을 맡길 때 무엇을 원한 것이라고 생각합니까? (14–15, 21–23)

말씀의 깨달음

1 게으름을 극복하지 않으면 결코 성실할 수 없습니다. 게으름을 극복하기 위한 좋은 방안을 말해 보세요. (잠 21:2; 24:30-31; 26:16 참고)

2 무조건 열심히 살면 그것이 곧 성실입니까? 성실하기 위해서는 열심에 무엇이 더해져야 한다고 생각합니까? 잘못된 열심은 게으른 것 이상으로 나쁠 수 있습니다. 어떤 점에서 그런지 말해 보세요. (롬 10:2; 잠 20:10 참고)

3 성실할 때 주어지는 유익에는 어떤 것들이 있습니까? 아울러 성실하지 않을 때 닥치는 어려움에는 어떤 것들이 있습니까? (잠 14:23; 21:5; 22:29; 28:19 참고)

말씀의 적용

1. 당신의 성실함에 스스로 점수를 준다면 얼마나 주겠습니까?

2. 오늘 하루 생활 속에서 당신이 해야 할 일은 무엇이며, 그것을 이루기 위해 어떤 성실함으로 살아야 합니까?

3. 오늘 말씀을 나누면서 깨달은 은혜와 내용을 나누어 보세요.

실천 메시지

오늘이 미래의 모습입니다

어느 부잣집에 머슴 두 사람이 있었습니다. 한 머슴은 착실했으나, 다른 머슴은 꾀가 많고 믿음직스럽지 못했습니다. 어느날 밤 주인이 두 머슴을 불렀습니다. 그러고는 가느다란 새끼를 꼴 수 있는 만큼 최대한 많이 꼬아 두라고 했습니다. 꾀 많은 머슴은 건성으로 굵게 몇 발 꼬지도 않고 새끼를 꼬는 척하다가 잠이 들었습니다. 이튿날 주인은 밤에 꼬아 둔 새끼를 가져 오라며 머슴들을 불렀습니다. 그러고는 돈을 넣어둔 창고로 데리고 갔습니다. 주인이 말했습니다. "그동안 너희가 수고한 대가를 주겠다. 어젯밤 꼰 새끼에 엽전을 뀔 수 있는 만큼 꿰어 가거라." 정성들여 가늘게 새끼를 꼰 머슴은 횡재했고, 꾀부리고 잠만 잔 머슴은 울 수밖에 없었습니다.

성실은 모든 성품을 연결해 주는 끈이며 붙잡아주는 틀과 같습니다. 사람이 성실하지 못하면 다른 것을 이룰 수 없습니다. 모든 일이 성실함에서 시작되니까요. 성품의 기본은 성실입니다. "하나를 보면 열을 안다"는 말이 있습니다. 한 곳에서 성실하면 다른 곳에서도 성실하고, 오늘 성실하면 내일도 성실하다는 뜻이지요. 성품은 단번에 이루어지는 것이 아니라 하루하루 쌓이는 것입니다. 성실은 인격의 시작이며 기본입니다.

오늘 주어진 일에 충실한 것이 미래의 성공을 이루는 길입니다. 오늘이 곧 미래의 모습입니다. 믿음은 영원한 천국을 향해 가는 여정이지만, 그것은 오늘에서부터 시작됨을 기억하십시오.

Tip 성실 성품 연습하기

늘 생각해야 할 5가지

1. 성실하기 위한 자기만의 중요한 원칙을 늘 생각하자.
2. 맡은 일에 성실할 때 자기에게 주어지는 유익을 늘 생각하자.
3. 삶에서 자신이 맡은 일이 무엇인지 늘 생각하자.
4. 일터에서 자기가 해야 할 일을 늘 생각하자.
5. 하나님이 맡겨주신 일이 무엇인지 늘 생각하자.

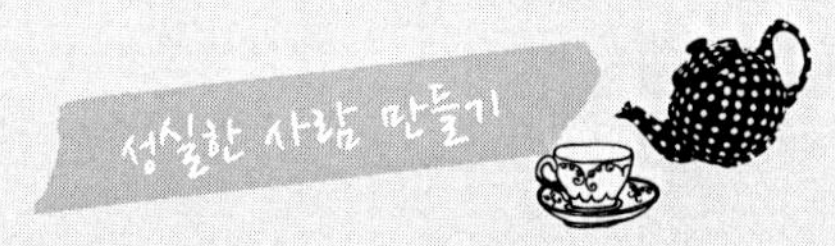

가정과 생활에서 성품을 습관화하기

1. 다른 사람 눈치 보지 말고 맡은 일에 최선을 다한다.
2. 스스로 알아서 자원하여 일한다.
3. 자녀는 부모에게 무슨 일이든 성실한 자세로 대한다.
4. 부모는 자녀에게 일관된 지침으로 행동한다.
5. 다른 사람이 보지 않을 때 자기의 모습이 진정한 인격임을 기억한다.
6. 감사한 마음으로 하루를 성실하게 살아간다.

실천사항

1. 명확한 목표를 세우고 그것을 실행한다.
2. 할 수 있는 것, 쉬운 것부터 조금씩 실행한다.
3. 힘들다고 포기하지 말고 끝까지 해낸다.
4. 생각한 것은 반드시 실천한다.
5. 작은 것일수록 더욱 성실히 임한다.
6. 다른 사람들이 보지 않더라도 자신과 하나님 앞에서 성실히 행한다.

참고성경

- 공의로 그의 허리띠를 삼으며 성실로 그의 몸의 띠를 삼으리라 _사 11:5
- 이것들이 아침마다 새로우니 주의 성실하심이 크시도소이다 _애 3:23
- 종들아 모든 일에 육신의 상전들에게 순종하되 사람을 기쁘게 하는 자와 같이 눈가림만 하지 말고 오직 주를 두려워하여 성실한 마음으로 하라 _골 3:22
- 여호와를 의뢰하고 선을 행하라 땅에 머무는 동안 그의 성실을 먹을 거리로 삼을지어다 _시 37:3
- 가난하여도 성실하게 행하는 자는 입술이 패역하고 미련한 자보다 나으니라 _잠 19:1
- 정직한 자를 악한 길로 유인하는 자는 스스로 자기 함정에 빠져도 성실한 자는 복을 받느니라 _잠 28:10
- 성실하게 행하는 자는 구원을 받을 것이나 굽은 길로 행하는 자는 곧 넘어지리라 _잠 28:18

3부 정직

있는 그대로 꾸밈없이 사실대로 말하며, 현재보다 미래에 더욱 신뢰를 얻는 것

Delicious Bible study_ 01

정직합니까

| 열왕기상 22장 1-17절 |

생활 나눔

1 세상에는 거짓이 참 많습니다. 오히려 정직한 사람이 손해를 봅니다. 왜 그렇습니까?

2 정직은 하루아침에 만들어지는 성품이 아닙니다. 당신이 생각하는 정직은 무엇인지 이야기해 보세요.

말씀의 살핌

■ 열왕기상 22장 1-17절을 읽고 질문에 답해 보세요.

1 아람과 이스라엘 사이에 전쟁 없이 지낸 지 3년째 되는 해에, 이스라엘의 아합 왕이 유다의 여호사밧 왕에게 제의한 내용은 무엇입니까? (1-4)

2 여호사밧이 하나님의 말씀을 듣고 결정하자고 제의하자, 아합은 선지자 몇 명을 모았습니까? 그 선지자들은 하나님의 말씀을 뭐라고 전했습니까? (5-6)

3 여호사밧이 아합에게 다른 선지자를 요청하자 누구를 불렀습니까? (7-9)

4. 모든 선지자들이 사마리아 성문 어귀 광장에서 이스라엘 왕과 여호사밧 왕 앞에서 예언을 하고 있었습니다. 시드기야와 다른 선지자들의 예언 내용은 무엇입니까? (10–12)

5. 미가야를 부르러 간 사신이 미가야에게 사전에 부탁한 내용과, 미가야의 대답은 무엇입니까? (13–14)

6. 미가야가 왕에게 역설적으로 말한 내용은 무엇입니까? 미가야가 본 환상은 무엇입니까? (15–17)

말씀의 깨달음

1 선지자 사백 명은 거짓을 말했지만 미가야 선지자는 진실을 말했습니다. 왜 사백 명의 선지자들은 거짓을 말했을까요?

2 누가 정직한 사람인지 구분하는 것은 쉽지 않습니다. 그것은 시간을 두고 기다려야 합니다. 참된 선지자처럼 정직하게 사는 것도 쉽지 않습니다. 왜 그렇습니까?

3 미가야 선지자처럼 참된 선지자로 정직한 삶을 살기 위해 우리는 어떤 영적 훈련을 해야 합니까?

말씀의 적용

1 어떤 때 정직하기 힘듭니까? 그 이유는 무엇입니까?

2 정직한 성품을 갖기 위해 당신이 훈련해야 할 것은 무엇입니까?

3 정직해야 할 때 정직하기는 생각보다 어렵습니다. 고난을 감수해야 하기 때문입니다. 이럴 때 도움이 되는 방법은 무엇입니까?

실천 메시지

진정한 시험

밴더빌트대학의 수학교수였던 메디슨 체럿 박사는 학생들에게 시험지를 나누어줄 때마다 이렇게 말했습니다.

"나는 오늘 여러분에게 두 가지 문제를 내는 것입니다. 하나는 수학이고 또 하나는 정직이라는 시험입니다. 여러분이 수학 시험에 통과하는 것은 일시적인 성공을 약속합니다. 그러나 정직의 시험을 통과하지 못하면 여러분의 삶에서 진정한 성공을 기대할 수 없습니다. 여러분은 이 수학 시험에 실패하고서도 훌륭하게 인생을 살아갈 수 있습니다. 그러나 정직의 시험에 실패하면 보람 있는 삶은 기대할 수 없습니다."

정직한 성품은 하루아침에 만들어지지 않습니다. 오랜 과정을 거쳐 만들어집니다. 정직한 사람은 가식적이지 않습니다. 정직한 사람은 숨길 것도 두려울 것도 없이 한결같은 마음을 지닙니다. 그런 점에서 보면 완전한 사람입니다. 정직한 사람은 인생관도 한결같습니다. 어떤 상황에서도 흔들리지 않습니다. 오늘날 우리 사회는 이런 사람을 원합니다. 성공한 사람보다 정직한 사람이 필요한 때입니다.

행복 또한 정직에서 옵니다. 삶에서 얼마나 정직함을 유지하느냐에 따라 인생의 행복이 결정됩니다.

"하루 동안 행복하려면 이발을 하고, 일주일을 행복하려면 결혼을 하고, 한 달 동안 행복하려면 말(馬)을 사고, 한 해를 행복하려면 집을 사라. 그러나 평생을 행복하려면 정직한 인간이 되라."

– 영국 격언

Tip 정직 성품 연습하기

정직하지 못한 사람들의 모습

1. 다른 사람의 물건을 훔치거나 속여 자신의 이익을 취한다.
2. 거짓말로 다른 사람의 마음을 아프게 하거나 어려움에 처하게 한다.
3. 자기에게 닥친 어려움을 피하기 위해 거짓을 말한다.
4. 자기의 잘못을 사과하지도 않고 뉘우치지도 않는다.
5. 자기를 합리화한다.

Delicious Bible study_02

믿음이 정직이다

| 마가복음 14장 66-72절 |

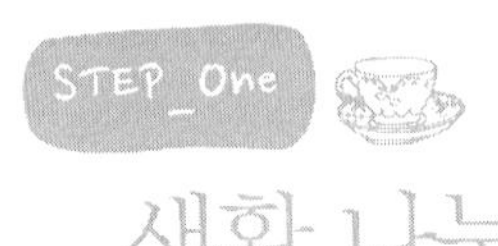

생활 나눔

1 왜 사람들은 정직해야 할 때 정직하지 못하고 거짓을 말합니까?

2 당신의 삶에서 정직을 회복해야 할 가장 우선적인 부분은 어디입니까?

말씀의 살핌

■ 마가복음 14장 66-72절을 읽고 질문에 답해 보세요.

1 베드로는 잡혀 가신 예수님을 멀찍이 따라 대제사장 집 뜰 안까지 들어가서 아랫사람들과 함께 불을 쬐고 앉아 있었습니다. 그때 대제사장의 여종 하나가 와서 베드로를 보고 뭐라고 말했습니까? (66-67)

2 여종의 말을 들은 베드로는 뭐라고 말했습니까? (68)

3 여종이 곁에 서 있는 사람들에게 다시 말하자 베드로는 어떻게 했습니까? (69-70)

4 조금 후에 곁에 서 있던 사람들이 베드로에게 뭐라고 말했습니까? (70)

5 베드로가 세 번째 말한 내용은 무엇입니까? (71)

6 그때 닭이 몇 번 울었습니까? 그때 베드로에게 기억난 것은 무엇이며, 자기가 거짓말한 것을 생각하며 어떻게 했습니까? (72)

말씀의 깨달음

1 베드로는 왜 예수님을 부인하며 거짓말을 했을까요?

2 예수님은 베드로가 세 번 부인할 것을 미리 말씀하셨습니다. 그 때 베드로는 어떤 태도를 취했습니까? (막 14:30-31 참고)

3 거짓말은 자기도 모르게 나올 때가 많습니다. 수제자 베드로도 결코 예수님을 부인하지 않겠다고 했는데, 자기도 모르게 거짓말을 세 번이나 했습니다. 그것도 점차 강조하면서 나중에는 저주까지 해가며 완강히 부인했습니다. 이것을 통해 느끼는 영적 교훈은 무엇입니까?

말씀의 적용

1 사람에게는 정직하지 못한 부분이 많습니다. 왜 그렇다고 생각합니까?

2 당신은 주로 언제 거짓말을 하는 편입니까?

3 거짓말을 하지 않기 위해서 당신이 해야 할 일은 무엇입니까?

실천 메시지

정직이 주는 유익

대부분의 사람들은 정직해야 할 때 정직하지 못하고 거짓말을 하게 됩니다. 사람들이 정직하기 어려운 이유는 무엇일까요? 그것은 정직하면 손해를 볼 것이라는 잘못된 생각 때문입니다. 거짓말을 하면 잠깐은 위기를 모면할 수 있지만 더 큰 후유증이 생깁니다. 오히려 양심에 가책을 받아 평생 괴롭게 살 수도 있습니다. 정직과 거짓 중에서 우리는 늘 정직을 선택해야 합니다. 물론 쉽지 않습니다. 그러나 결국은 정직이 승리한다는 불변의 사실을 받아들인다면 어디서나 정직한 편을 택할 것입니다.

정직하기 힘들 때는 정직이 주는 유익을 마음에 두면 도움이 됩니다. 일하다 보면 부정직에 유혹받을 때가 있습니다. 현재를 보면 부정직이 유익이 되는 것 같지만, 멀리 보면 정직이 유익을 줍니다. 정직보다 더 좋은 정책은 없습니다. 또 정직하면 마음이 평화롭고 양심의 가책을 받지 않습니다. 이런 사람에게는 자연히 행복도 뒤따라 옵니다. 마음이 평안하지 못하면 행복할 수 없습니다. 정직하면 자유롭기에 담대해야 할 때 용기를 낼 수도 있습니다. 거리끼는 것이 없기에 할 말을 하고 살아갑니다. 그러나 거짓을 행하면 그 거짓이 사람의 눈치를 보게 만들고 우유부단하게 합니다. 용기 있게 결단하지 못하고 주저하게 합니다. 그러니 정직이 행복한 삶의 기초가 되는 것이 분명하지요.

더 중요한 것은, 하나님은 이런 사람에게 복을 주신다는 것입니다. 거짓을 행하는 사람은 결국 멸망합니다. 역사상 거짓을 행하고 성공한 사람은 하나도 없습니다. 악인은 바람에 나는 겨와 같이 사라집니다. 하나님이 인정하는 삶이 아니기에 결국 심판받고 맙니다. 당신은 어느 쪽을 택하시겠습니까?

Tip 정직 성품 연습하기

1. 다른 사람의 것을 탐내지 말자.
2. 진실한 양심을 갖자.
3. 다른 사람을 속이지 말자.
4. 규칙과 약속을 잘 지키자.
5. '예수님이라면' 하는 생각으로 일을 처리하자.

Delicious Bible study_03

정직하지 못한 사람들

| 사도행전 4장 36-5장 11절 |

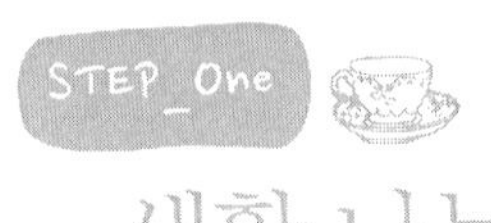

생활 나눔

1 당신은 언제 거짓말을 하게 됩니까? 정직하지 못했던 적이 있으면 함께 나누어보세요.

2 정직하기 위해 당신이 노력해야 할 것은 무엇입니까? 그것을 위해 지금 당신은 어떤 훈련을 하고 있습니까?

말씀의 살핌

■ 사도행전 4장 36절부터 5장 11절을 읽고 질문에 답해 보세요.

1 초대교회에서 바나바는 교회를 어떻게 섬겼습니까? (36-37)

2 바나바를 비롯한 다른 교인들도 밭과 집을 팔아 어려운 사람들에게 나누어주기 위해 사도들에게 가져왔습니다. 아나니아와 삽비라 부부는 자기들의 소유를 팔아 어떻게 했습니까? (1-2)

3 베드로는 아나니아에게 뭐라고 말했습니까? (3)

4 아나니아는 결국 누구에게 거짓말한 것입니까? (4)

5 정직하지 못한 아나니아는 어떻게 되었습니까? (5-6)

6 세 시간 후에 아나니아의 아내 삽비라가 들어오자 베드로는 뭐라고 말했습니까? 또 삽비라는 뭐라고 대답했습니까? (7-8)

7 베드로는 삽비라에게 뭐라고 말했습니까? (9)

8 베드로의 말이 끝나자 삽비라는 어떻게 되었습니까? (10)

9 이 일을 본 교회와 사람들은 어떤 반응을 보였습니까? (11)

말씀의 깨달음

1 초대교회 성도인 아나니아와 삽비라 부부의 문제점은 무엇입니까?

2 거짓말은 사람에게 하지만, 그것은 결과적으로 하나님께 범한 죄가 됩니다. 왜 그런지 이유를 말해 보세요.

3 정직한 삶을 살기 위해서는 어떤 믿음을 가져야 합니까? 평소에 훈련해야 할 내용을 정리해 보세요.

말씀의 적용

1 정직한 삶을 살기 위해 언제 어디서나 준비하고 훈련해야 할 것은 무엇입니까?

2 당신은 물질에 대해 얼마나 정직한 삶을 살고 있습니까?

3 지금까지 정직하지 못했던 부분이 있으면 말해 보세요. 욕심 때문에 자기도 모르게 정직하지 못한 상황에 처했다면 어떻게 해야 합니까?

실천 메시지

정직의 힘

미국의 16대 대통령 링컨이 대통령이 되기 전, 주 의회의원에 출마했을 때의 일입니다. 당에서는 선거자금으로 2백 달러를 보내 왔습니다. 그러나 그 돈은 선거운동 자금으로 쓰기에 턱없이 부족한 액수였습니다. 선거운동 참모들은 하나같이 불평했습니다. 그러나 링컨은 돈의 액수가 많고 적음에는 아무런 관심도 없었습니다. 링컨은 그 선거에서 당당히 당선되었습니다. 그리고 선거자금에서 남은 돈이라며 199달러 25센트를 당으로 돌려 보냈습니다. 겨우 75센트만 선거자금으로 썼다는 말입니다. 당원들은 깜짝 놀랐습니다. 링컨의 편지를 읽은 사람들은 한참 동안 숙연해졌습니다.

"남은 선거자금을 돌려드립니다. 선거 연설회장 경비는 제 돈으로 지불했고, 이곳저곳 돌아다닌 것은 말을 탔기 때문에 별 비용이 들지 않았습니다. 다만 동네 어른 한 분이 목이 마르다고 해서 음료수를 대접했는데, 그 경비로 75센트를 썼습니다." 이렇게 정직했기에 링컨에게 '어니스트 에이브'(Honest Abe)라는 별명이 붙었던 것입니다.

사람이 정직하지 못한 데는 여러 가지 이유가 있습니다. 그중 하나가 욕심입니다. 욕심이 들어가면 정직한 사람도 거짓말을 하게 됩니다. 욕심은 다양한 모습으로 위장하여 우리에게 다가옵니다. 그리고 나름대로 합리적인 근거도 제시합니다. 그러나 욕심이 들어오면 정직한 영이 사라지고, 정직한 영이 사라지면 분별력을 상실하게 됩니다. 그리고 하나님의 선물인 지혜가 사라집니다. 진정으로 힘 있는 사람들을 보면 모두 정직합니다. 정직보다 위대한 힘은 없습니다.

Tip 정직 성품 연습하기

1. 정직에 따른 고통을 감수하자.
2. 정직한 사람과 가까이 하자.
3. 잘못했을 때는 잘못을 인정하고 솔직하게 사과하자.
4. 모두 같은 죄를 짓고 있음을 기억하자.
5. 스스로 해결하기 어려울 때는 주변 사람에게 도움을 청하자.
6. 정직도 습관이므로 작은 것부터 훈련하자.
7. 당장의 이익보다 미래의 행복을 바라보자.
8. 정직은 무엇보다 자신에게 재산임을 잊지 말자.

가정과 생활에서 성품을 습관화하기

1. 가족이나 이웃에게 사실을 숨김없이 말한다.
2. 있는 그대로 상황을 말해 바르게 판단하게 한다.
3. 과장하거나 축소하거나 변명하지 말고 보고 들은 대로 말한다.
4. 잘못했을 때는 즉시 사과한다.
5. 다른 사람에게 책임을 전가하지 않는다.

실천사항

1. 언제나 진실을 말하려고 애쓴다.
2. 진실을 말하면 격려하고 칭찬한다.
3. 사실을 과장하지 않는다.
4. 거짓말하지 않고 다른 사람의 것을 훔치지 않는다.
5. 잘못을 용납하는 분위기를 만든다.
6. 자신의 부족함을 인정한다.
7. 용기를 가지고 언제나 솔직한 자세를 취한다.
8. 바로 지금 작은 것부터 정직해지도록 연습한다.

참고성경

- 믿음과 착한 양심을 가지라 어떤 이들은 이 양심을 버렸고 그 믿음에 관하여는 파선하였느니라 _딤전 1:19
- 너희 의인들아 여호와를 즐거워하라 찬송은 정직한 자들이 마땅히 할 바로다 _시 33:1
- 여호와의 말씀은 정직하며 그가 행하시는 일은 다 진실하시도다 _시 33:4
- 여호와 하나님은 해요 방패이시라 여호와께서 은혜와 영화를 주시며 정직하게 행하는 자에게 좋은 것을 아끼지 아니하실 것임이니이다 _시 84:11

- 그의 후손이 땅에서 강성함이여 정직한 자들의 후손에게 복이 있으리로다 부와 재물이 그의 집에 있음이여 그의 공의가 영구히 서 있으리로다 정직한 자들에게는 흑암 중에 빛이 일어나나니 그는 자비롭고 긍휼이 많으며 의로운 이로다 _시 112:2-4
- 의인을 위하여 빛을 뿌리고 마음이 정직한 자를 위하여 기쁨을 뿌리시는도다 _시 97:11
- 이것으로 말미암아 나도 하나님과 사람에 대하여 항상 양심에 거리낌이 없기를 힘쓰나이다 _행 24:16
- 생각하여 보라 죄 없이 망한 자가 누구인가 정직한 자의 끊어짐이 어디 있는가 _욥 4:7

지은이 이대희
장로회신학대학교 신학대학원(M.Div)과 연세대학교 연합신학대학원(Th.M)을 졸업하고 에스라성경대학원대학교 성경학박사(D.Litt) 과정을 마쳤다. 예장총회교육자원부 연구원과 서울장신대 신학과 교수와 겸임교수를 역임하고, 서울 극동방송에서 "알기 쉬운 성경공부" "기독교 이해" "전도왕 백서" "크리스천 습관 칼럼" 등의 프로그램을 진행했다. 성서사람 · 성서한국 · 성서교회 · 성서나라를 모토로 한국적 성경교육과 실천사역을 위해 집필과 세미나, 강의사역을 하고 있다. 누구나 평생 성경을 배울 수 있는 한국형 바이블 칼리지인 엔크리스토 성경대학을 설립하여 매주 월요일 성경을 가르치는 사역을 하고 있다. 현재 바이블미션 대표, 꿈을주는교회 담임목사로 섬기고 있다.
주요저서로 「맛있는 성경공부」 「성품시리즈 4권」 「30분 성경공부」 「맥 잡는 기도」 「하룻밤에 배우는 쉬운 기도」 「이야기대화식 성경연구」 「예즈덤 영재교육」 「예수님의 통자녀 교육법」 「크리스천이여 습관부터 바꿔라」 등 150여 권이 있다.

저자 이메일: ckr9191@hanmail.net

맛있는 성경공부 성품 시리즈 ❷

태도성품

초판 1쇄 발행 2012년 2월 29일
초판 6쇄 발행 2022년 11월 18일

지은이 이대희

펴낸이 곽성종
기획편집 방재경
디자인 조성미

펴낸곳 (주)아가페출판사
등 록 제21-754호(1995. 4. 12)
주 소 (06698) 서울시 서초구 효령로 8길 5 (방배동)
전 화 584-4835(본사) 522-5148(편집부)
팩 스 586-3078(본사) 586-3088(편집부)
홈페이지 www.agape25.com

ISBN 978-89-537-8073-6(04230)
978-89-537-8071-2(세트)

아가페 출판사